Los 23 hábitos de las mamás felices © Grete Garrido, 2023
ISBN 9788411744621

Impresión y editorial: BoD – Books on Demand
info@bod.com.es - www.bod.com.es
Impreso en Alemania – Printed in Germany

LOS 23 HÁBITOS DE LAS MAMÁS FELICES

UNA GUÍA PARA MADRES ESTRESADAS

GRETE GARRIDO

Miras el reloj, ¿de verdad son sólo las 5 de la tarde? Jurarías que son las 11 de la noche, a juzgar por tu cansancio y las ojeras que te muestra el espejo.

Sí, esa eres tú, con un niño subiéndose a tu chepa mientras llamas por teléfono al pediatra porque al otro le han salido unos granitos muy raros...

Mientras se pelean en la habitación de al lado, tú preparas el disfraz de la semana de la primavera, ¿ya es primavera? ¿cuándo pasó el invierno? ¿y cómo se supone que se disfraza uno de primavera? a la vez que haces cálculos para ver cómo vas a entregar ese informe e ir a cenar con esa amiga que no ves desde hace meses.

Ser madre es duro. Pero se sobrevive.

Es posible vivir esta maravillosa etapa sin descuidarse a una misma, sin perderse en el camino. Ser madre y ¡ser persona!

En las próximas páginas vamos a ver cuáles son esos hábitos que hacen posible que vivas plenamente y con consciencia la maternidad, mientras mantienes tu equilibrio, tu paz, sin dejarte arrastrar por la desesperación y los nervios.

El "truco" es muy sencillo, hay que dedicar tiempo a lo que alimenta tu vida.

Los hijos quieren ver a sus madres felices. Y de paso, quieren aprender ellos mismos a serlo, viendo en ti un ser humano que les cuida pero que también se cuida.

Son 23 hábitos que suenan sencillos, y lo son, pero que quizás por esa sencillez, muchas veces relegamos al último puesto en nuestras prioridades.

Si te comprometes contigo a llevarlos a cabo, puedes estar segura de que serás una mamá feliz.

Así que no, no has desaparecido, estás ahí y ahora, vamos a rescatarte.

Síntomas de madre estresada

¿ALGUIEN SABE SI EN SATURNO
ES YA DE NOCHE Y ESTÁ TODO
EL MUNDO ACOSTADO?

- Sientes que morirás de cansancio todo el tiempo:

Es el síntoma más común de todos. ¿Sueles sentirte emocionada cuando ves la cama y vas a dormir ya por la noche? ¿Te levantas sintiendo que no has dormido lo suficiente?

Si sientes sueño a media mañana y por las tardes crees que no llegarás a la noche sin caerte de sueño antes, muy probablemente eres víctima del agotamiento.

- Has olvidado por completo qué ibas a buscar en una habitación:

Las madres suelen saber dónde está todo pero cuando empiezan a olvidarlo, la familia comienza a preocuparse.
La falta de concentración y problemas de memoria son señales de que puedes estar sufriendo estrés.

Es muy común en estos casos olvidar de pronto qué se iba a hacer en un momento o lugar determinado o que no sólo no recuerdas las cosas si no que empiezas a extraviarlas.

- Ya no haces las mismas cosas de antes:

Quizá te hayas percatado de que el tiempo te rinde menos y no cumples con todo lo que quisieras. Ya no te alcanzan las tardes para hacer esas sabrosas tartas, ni tienes tiempo para jugar con los niños.

Todo se vuelve deberes y más deberes de nunca acabar y no encuentras momento para la distracción y el placer.

- Discutes a cada rato por cualquier cosa:

La irritabilidad constante es obviamente un signo de estrés. La falta de descanso y tiempo para ti misma pueden lograr que desates con otros tus peores rabietas, para luego, arrepentirte de todo lo que hayas dicho o hecho.

Tus hijos, pareja y otras personas podrían toparse con tu lado más salvaje y eso puede dañar cualquier relación y hasta provocarte más estrés.

A veces no te reconoces ni a ti misma.

- Tienes sentimientos de culpa:

Una vez que te das cuenta de que no estás cumpliendo con todo lo que quisieras, puedes comenzar a sentir culpa de vez en cuando.

¿Por qué no jugué más con mis hijos?... Debí decir sí a tener sexo anoche con mi pareja... ¿Por qué no me esforcé más en terminar a tiempo esa tarea en el trabajo? etc

En definitiva, tienes la sensación de que la vida pasa a toda pastilla y sin control, que TODO depende de ti y que tú, la que está al cargo, estás al borde del ataque de nervios.

Que no cunda el pánico, nadie se ha muerto por ejercer de madre (¡directamente al menos!).

Todo está en tu cabeza y en tus ganas de que las cosas sean de otra manera.
En cambiar las prioridades y aprender a escucharte y respetarte.

Estos son los 23 hábitos que harán de ti, una mamá feliz :)

Acuesta a los niños temprano

A VECES TU DÍA EMPIEZA
A LAS 9 DE LA NOCHE

No sólo porque los niños necesiten dormir, que también, si no más bien porque va a ser el tiempo que dispongas para hablar con tu pareja dos frases seguidas sin interrupciones.

Es el tiempo que disponéis para estar juntos. A veces no hace falta ni hablar, con sentarse en el sofá con los ojos medio cerrados a ver la serie de turno, basta.

También **es el momento de disfrutar del silencio**, de pensar en tus cosas más allá de tus hijos, de planear el día siguiente...

Acostúmbralos en cuanto puedas a que se vayan a la cama prontito. A veces acostarlos es una lucha pero como los niños son muy de hábitos, si te lo curras y no cedes a sus ruegos de *ay, mamá, un poquito más tarde*, lo conseguirás.

Además, los niños dormidos despiertan una ternura que a lo mejor en un mal día no has percibido aún... hasta que lo ves dormido, tan vulnerable y pequeño que olvidas todo lo malo del día.

Sé agradecida

(AGRADEZCO QUE EXISTA EL VINO)

Sé una persona agradecida con lo que tienes en tu vida.

La gratitud te hará sentir mejor y para notar sus efectos, convendría que la practicaras con asiduidad.

Diariamente, escribe durante 5 minutos en un cuaderno todas **las cosas que aprecias de ese día**, será tu lista de agradecimientos.

Pueden ser cosas como: agradezco que mi coche funcione bien, agradezco el sol que entra por mi ventana, agradezco el techo bajo el que vivo, que mis hijos me abracen cada mañana, que mi vecina me haya hecho una visita, etc.

Si haces este ejercicio cada día, al poco tiempo, descubrirás cómo tu estado de ánimo mejora considerablemente. Parece magia.

Damos por hecho muchas cosas que no todo el mundo tiene y es **muy beneficioso para tu estado de ánimo**, dar las gracias por ellas.

Enamórate de tu vida

Escribe aquí tu pequeña lista de agradecimientos. Esas cosas que sueles dar por hecho pero que no deberías dar por sentadas.
Léelas cuando te sientas desbordada.

AGRADEZCO:

-
-
-
-
-
-
-
-
-
-
-
-

Abraza la incertidumbre y el caos

CAOS TOTAL | toma 3

Con la llegada de un hijo muchas cosas cambian. Tu casa ya no está tan ordenada como antes y en tu agenda surgen muuuuchos imprevistos.

A veces, te puede resultar difícil aceptar ese nuevo 'caos' que parece haberse apoderado de tu vida. La sensación de falta de control te puede generar tensión y ansiedad, sumiéndote en un estado que puede terminar provocando problemas más o menos serios.

Por eso, es importante que **aprendas a convivir con el caos y la incertidumbre** e incluso a abrazarlos. Si no puedes con ellos, únete.

Habrá muchas cosas que escapen a tu control, ¡y no pasa nada! Acéptalo como una fase de tu larga y cambiante vida.

Ya habrá tiempo de tener una casa de revista, de planes improvisados con tu pareja, de no tener todo el suelo lleno de juguetes… pero ahora toca divertirse con el caos y con el mensaje que tus hijos te mandan: nada es tan importante. Tan sólo que estemos juntos.

Céntrate en lo positivo

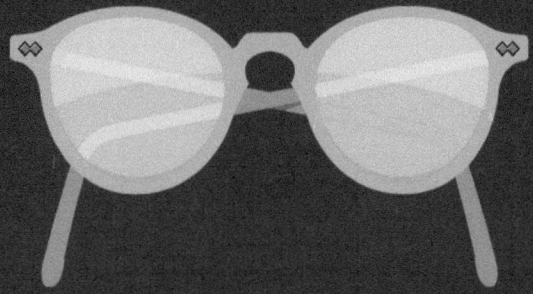

ESTÁS SÚPER COOL
CON TUS GAFAS DE COLOR DE ROSA

Ser madre es una aventura maravillosa pero no faltan las pinceladas de miedos, preocupaciones, errores y dudas.

De hecho, si estás agotada, estresada o desmotivada, es normal que sólo te fijes en las cosas negativas y de esta manera sólo logres alimentar un círculo vicioso de negatividad.

Por eso, elige centrarte en lo positivo. En vez de recriminarte cuando te equivoques, recuerda que **estás aprendiendo** y que has logrado avanzar mucho. Que en algunas cosas te equivocaste, como todos, y en muchas otras, no, que **lo estás haciendo lo mejor que puedes** y que las cosas están saliendo bastante bien.

Después de una larga jornada, cuando estés en la cama, olvídate de la montaña de trabajo y cosas por hacer y visualiza la sonrisa y el abrazo de tu/s hijo/s. Que seguís adelante y que a grandes rasgos, todo está en orden.

Recuerda que **la felicidad es una decisión personal** que se toma todos los días.

Aprende a decir que NO

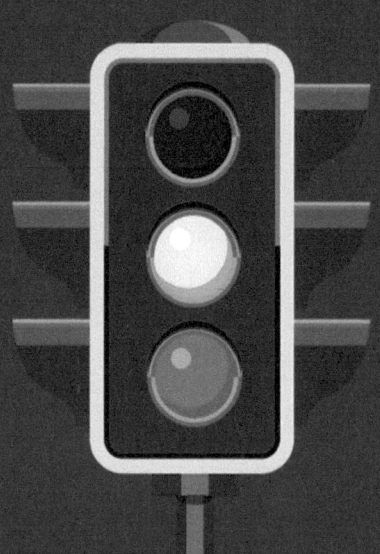

HASTA AQUÍ HEMOS LLEGADO

Muchas más veces de las que quisiéramos, por complacer a todos, tendemos a aceptar retos y tareas en exceso. Incluso a sabiendas de que probablemente ni siquiera podremos cumplir con todas ellas.

Si no quieres romperte de tanta debilidad y fatiga, no temas decir que **no** cuando simplemente no seas capaz de hacer algo ¡o sencillamente no quieras!

Tu tiempo importa, tus prioridades importan, **tu bienestar importa**.

Da igual si ya has mal acostumbrado a tu entorno; de la misma manera que tus hijos dejarán de usar los pañales un día o empezarán a comer solos, tú has dejado hoy de ser la chica-para-todo para empezar a ser madre y también, ¡oh, sorpresa! **persona**.

Por otro lado, no hay lección más valiosa para un hijo que ver cómo su madre se cuida y defiende su bienestar, su espacio, sus límites y su tiempo.

En vez de decir
"no tengo
tiempo",
prueba a decir
"no es una
prioridad"

Escribe esa lista de cosas que te toca las narices hacer, que crees que son demasiado para tu *body* y recuérdate plantarte a la próxima que den por hecho que las vas a hacer tú.
¡Tururú!

NO TENGO GANAS Y NO VOY A HACER SIEMPRE (¡O NUNCA!):

-
-
-
-
-
-
-
-
-
-
-

Aprende a delegar

ME COMPROMETO A
NO LLAMAR CADA 5 MINUTOS
Y DISFRUTAR DE MI TIEMPO LIBRE

Cuando dejes a tu/s hijo/s con alguien (al que no pagues, claro) has de ser consciente de que hará las cosas a su manera.

Obviamente puedes darle algunas directrices pero no pretendas que se comporte igual a como lo harías tú, es imposible.

Te gustaría tener un radar supersónico que escanee constantemente en busca de problemas y pite cada vez que tu hijo esté a punto de darse un castañazo, por ejemplo, pero eso es imposible. **Nunca se puede tener todo bajo control**. Acéptalo. Cuanto antes, mejor.

Así que si alguien se hace cargo de tus hijos, relájate y ¡disfruta! **Confía** en que esa persona va a darlo todo por cuidar bien de tu hijo, si no, no se hubiese ofrecido.

Mientras, aprovecha para cenar vestida de persona-mujer con tu pareja o tus amigos, ir al cine, darte un masaje o lo que te pida el cuerpo.

Da un voto de confianza a los que te brindan su ayuda y delega.

Despeja tu mente

PRIORIDAD

Borrar de mi cabeza las cosas por las que no puedo hacer nada

A veces el estrés llega a la mente de muchas madres por preocupaciones del futuro o de cosas no sanadas del pasado. Hacer un simple ejercicio puede ayudarte a sentirte mejor:

Elabora 3 listas de todas las cosas que te preocupan, sin importar si son más o menos importantes:
1.   Cosas por las que **puedo hacer algo** (prioridad).
2.   Cosas por las que **puedo hacer algo más tarde** (no son prioridad).
3.   Cosas por las que **no puedo hacer nada** (para olvidar).

Verifica estas listas diariamente durante un mes y ve eliminando las cosas que ya hayas completado y agregando las que crees que puedes solucionar, las que quizá otro día y las que debes olvidar porque no puedes hacer nada.

Así tu mente tendrá más claridad ante las preocupaciones porque les has puesto cara y nombre a angustias a veces indeterminadas y porque ya has empezado a elaborar un plan.

para cambiar
tu vida,
necesitas
cambiar
tus
prioridades

Escribe tu lista

PRIORIDAD	NO PRIORIDAD	A OLVIDAR

Descansa de los dispositivos electrónicos

PUEDO SER MUUUUUY MAAAAALOOOOOO

Si vas rascando minutos del día para recargar pilas y tan sólo llenas ese tiempo de historias de Instagram y contenido sin sustancia… aunque tengas la sensación de que te has dedicado tiempo, tu cantimplora seguirá vacía.

Prueba a estar en silencio o escuchando música, hablando con tu pareja, leyendo y verás como tu corazón estará mucho más contento, lleno de alegríaaaaaa.
Alimenta tu alma con cosas que te enriquezcan y no te dejes engatusar por el móvil.

Además, si acostumbras a trabajar hasta tarde, revisar redes sociales, recibir e-mails, etc por la noche, no tendrás un verdadero sueño reparador.

El brillo de la pantalla del ordenador, iPad, Tablet, smartphone, etc. afecta significativamente a la calidad del sueño. Acostúmbrate a no estar revisándolos los minutos antes de irte a dormir porque si no ¿adivinas en qué termina todo eso? En el síndrome de la mamá cansada.

Elige sabiamente tus batallas

LA SHERIFF DEL CONDADO
HOY ESTÁ DE BAJA

Hay días buenos, días malos y días especialmente complicados. Una bronca con tu jefa, perder el bus, un toque de la profesora porque tu hijo ha tirado del pelo a otro niño…

Llegas a casa y notas que no puedes más. Tu hijo te pide ver los dibujos animados pero tú no quieres que vea tanto la tele y le dices que no. Él se rebota y grita como si le estuvieras matando, igual también ha tenido un mal día.

¿Estás segura de que no sería mejor ceder esta vez? **A veces hay batallas en las que es más inteligente dejarse ganar**. Permite que hoy vea más rato la tele, si es el caso, y gánate tú un poco de silencio y de paz.

Hay días que no tienes fuerza para la lucha y hay que saber ceder antes que explotar. Si acaso, ya le dirás mañana que *nanay*.

Pero hoy salva los muebles, haz lo que buenamente puedas y siente que respirar ya es más que suficiente.

Muévete

EL SOFÁ SE VA A ACABAR

Encuentra el momento para ejercitarte.

No hace falta emular a Serena Williams ni que tengas que apuntarte a la maratón de Nueva York pero tu cuerpo debe estar en movimiento **diariamente**.

Puedes salir a caminar, usar las escaleras en lugar de subir en ascensor, bailar en el salón de tu casa, ir al gimnasio, salir a correr con la sillita del bebé si hace falta (si las súper *celebrities* pueden, tú también)...

Escoge una actividad que te permita moverte y si además te gusta, mejor (el sexo con tu pareja - o el vecino, lo que acostumbres-, no suele fallar y de remate, cutis perfecto).

Puedes comenzar dedicándole poco tiempo (**aunque sea 5 minutos**) y esfuerzo y después ir aumentando la dificultad y el tiempo.

Las hormonas te empezarán a indicar que te sientes mejor en movimiento y así, notarás más energía y menos estrés día a día.

El deporte es la mejor droga legal que existe.

El éxito es una serie de pequeñas victorias

Haz una lista de gestos con los que puedes ejercitarte, (por pequeños que sean).

- Subir algunos pisos andando.

- Bajarme unas paradas antes del bus o metro.

- Levantar a mis hijos por los aires.

- Hacer pesas con las bolsas de la compra.

- Ir corriendo tras mis hijos para bañarles.

-

-

-

-

-

-

-

-

-

Explícate siempre que puedas

ÉRASE UNA VEZ UNA MAMÁ
CON GANAS DE MANDARLO TODO AL CARAJO

Es imprescindible que para que tus hijos no te recuerden eternamente estresada y que tú tengas una mejora emocional y sientas que tienes el control, establezcas una buena comunicación contigo y con ellos (si ya tienen edad para entender ciertas cosas).

Acepta que en ocasiones puedes perder los nervios pero **cómo reaccionas a ello será esencial para cómo te sientas después**. Si gritas a tus hijos por un pico alto de estrés, pídeles después perdón e **intenta que entiendan lo que ha pasado**: los niños pueden ser algo egoístas pero también tienen empatía.

Háblales con vocabulario y situaciones que puedan reconocer: *me he enfadado como cuando tu hermano no te escucha y tú te enfadas*. Así tu hijo te entenderá y tal vez la próxima vez se comporte de manera más empática.

E incluso aunque ellos no te entiendan, al expresar tus motivos en voz alta, tú **te comprenderás a ti misma y... te perdonarás**. A veces tu propia comprensión y perdón es el único que vale.

Descubre lo que realmente necesitas

AY, AMIGA, SÉ MUY BIEN LO QUE NECESITO

Vivimos en un mundo donde deben tomarse tantas decisiones en cada momento de nuestro día que apenas sabemos lo que realmente necesitamos o queremos.

Hazte siempre que puedas esta pregunta: **¿Qué me hace sentir mejor?**

Si comes lo que te hace sentir bien, ves las películas que te hacen sentir mejor, vistes la ropa que te hace sentir más guapa, etc, te vuelves más fuerte y más feliz.

Acostúmbrate a formularte esta pregunta varias veces al día y **procura hacer cosas que te pongan una sonrisa en la cara**, (siempre, obviamente, que no sea en detrimento del bienestar de tus hijos pero doy por hecho que a sentido común no te gana nadie).

Las mamás tienden a ponerse la última de la cola a la hora de darse gustazos.

Métete en la cabeza que **si tú eres feliz, tus hijos y tu entorno también**, así que procura siempre mimarte y regalarte los placeres que te mereces.

Grita menos, escucha más

APAGA EL DRAMA.
NADIE HA MUERTO (AÚN) POR EL
SÍNDROME DE LA MADRE SUPERADA

Desde que eres madre, es muy posible que grites más y suspires de pura frustración demasiadas veces. En ocasiones puedes sentir que todo es un auténtico desastre.

Para empezar a gritar menos y a escuchar más, comienza a **observar tus propios pensamientos** y cómo las emociones toman el mando.

Cuando notes que la situación te supera, para en seco y **respira**. Suena bastante fácil pero cuando se intenta puede ser más complicado de lo que parece.
Encuentra los pensamientos y emociones intrusivos para que los entiendas como **simples pensamientos y no como realidades** creíbles que te hacen sentir fuera de control.

No, no es el fin del mundo; no, todas las horas del día no van a ser así; no, tú hijo no es un monstruo en potencia; no, tu pareja no disfruta viéndote fuera de ti; no, no están todos contra ti.

Párate y observa la situación desde fuera. Respira hondo y haz una de estas 3 cosas: pide ayuda, ríete de todo o sírvete un vino.

La salud no
es sólo cuánto
te ejercitas
o lo que comes,
es también
lo que piensas
y dices

Apunta algunos de tus
PENSAMIENTOS CATASTROFISTAS
habituales y su versión realista.

(ej.)

– Mi pareja no se hace nunca cargo de los niños.
Lo cierto es que les lleva a la piscina, se encarga de
las cenas, les ayuda con los deberes...

No hay un modelo de madre único

SOY UNA MADRE
MOLONA. Y PUNTO.

No todas las madres hacen bizcochos. No todas llevan una muda por si acaso... ¿y qué? "Eso" no es lo que hace que unas madres sean mejores que otras. Lo esencial es el cariño incondicional y de ese andas sobrada, ¿a qué sí?

A veces cometemos el error de compararnos con el de al lado y siempre nos parece que los demás se lo montan mejor. Error. Aquí **cada una hace lo que puede y cada una es como es**.

Si prefieres estar sentada sola en un banco en el parque en vez de estar en el corrillo de madres, no eres una friki, es que disfrutas tu tiempo como te da la gana. Si tu hijo lleva siempre el disfraz más cutre, no es que le quieras menos, es que sabes que a tu hijo tampoco le importa tanto y tú ya estás harta de romperte el seso cada mes con la celebración del día de...

Eres una madre top, hagas lo que hagas ¿por qué? porque quieres a tu hijo y sabes lo que es importante y lo que no.

Organiza tu tiempo de manera realista

POR MÁS QUE INSISTAS, SÓLO TENGO 24 HORAS

A veces creemos que seremos capaces de realizar tareas en tiempos determinados, cuando en realidad el lapso que establecimos no era el suficiente.

Podrías verte llegar del trabajo, hacer la comida para todos, llevar a la más pequeña a practicar baloncesto, al niño a la piscina y al perro al veterinario y luego recordar que prometiste entregar un informe de trabajo al final de la tarde. Es demasiado para una sola tarde y una sola persona.

Es necesario **plantearte una agenda que sea humanamente posible cumplir** si no quieres terminar agobiada, cansada, frustrada y tremendamente cabreada.

Los Reyes Magos ya sabes que no existen y la tontería de la súper *woman*, tampoco. Somos humanas. Afortunadamente.

Así que sé más realista, **pisa el freno y no te pidas más de lo que sabes que no puedes cumplir.**

Pasa más tiempo con tu pareja

CUANDO TE QUITAS EL SACA LECHES
SALE EL PIBONAZO QUE HAY EN TI

Esa vida bonita y romántica de novios o de casados sin hijos, tiende a verse opacada por los deberes y responsabilidades cuando llegan los hijos.

Parece que el romance pasa a un segundo o ¡cuarto plano! No os ponéis guapos el uno para el otro, no preguntáis por vuestros días al margen de la maternidad/paternidad...

Te das cuenta de que hace mucho que **no os miráis a los ojos** para encontrar a esa persona de la que te enamoraste y con la que... ¡incluso quisiste tener hijos!

Si buscáis un cuidador y os escapáis un rato de esa rutina que os separa, podréis **avivar la llama** y pasar momentos geniales que mantengan viva y sana vuestra relación. Además, os servirá para despejar la mente, **conversar de otras cosas** que no sean los biberones, chupetes, mocos, deberes escolares, etc.

No lo aplacéis con un *más adelante, cuando los niños sean más independientes*, porque si lo dejáis pasar os podéis encontrar con que de pronto, sois dos desconocidos...

Lo que parece el final, es muchas veces el principio

Haz una lista de planes que os gustaría hacer juntos. Escoged uno cada semana ¡y no faltéis a vuestra cita!

PLANES EN PAREJA (INEXCUSABLES)

-
-
-
-
-
-
-
-
-
-
-
-
-
-

Pide
ayuda
cuando lo
necesites

HELP!

Apoyarte en las personas que te rodean, como tu pareja, padres o amigos, es una estrategia muy eficaz para aliviar el peso que cargas sobre tus hombros.

Pedir ayuda no es sinónimo de incapacidad o debilidad sino de fortaleza e inteligencia ya que significa que sabes reconocer tus límites y buscar estrategias para resolver los problemas.

Buscar ayuda no sólo te permitirá sentirte **más aliviada**, sino que también te dará la oportunidad de tener más **tiempo para ti**.

Todo esto redundará positivamente en tu relación familiar, ya que si estás relajada y feliz, transmitirás ese estado de ánimo a quienes te rodean, incluyendo a tus hijos y tu pareja.

No esperes a sentirte superada por la vida para pedir por esa boquita. Los que están contigo te quieren y harán lo que sea por echarte una mano.

Reserva tiempo para ti

¿MAMÁ? NO SÉ, NO CONOZCO A NADIE CON ESE NOMBRE

Es posible que demasiado a menudo relegues tus necesidades a un segundo plano, priorizando a tu familia.

De hecho, reconoce que casi siempre encuentras una buena excusa para anteponer las peticiones de los demás por encima de las tuyas.

Algunos casos llegan a ser tan extremos que es como si convertirse en madre significara dejar de tener necesidades propias. Errooooooor.

Para evitar que el humo empiece a salir por tus oídos, es **imprescindible que encuentres tiempo para ti.**

Reserva algunas horas de la semana para relajarte, cargar las pilas y hacer lo que a ti te apetece y **necesitas**.

Tiempo para leer, soñar, cortarte el pelo, ir a un curso de algo que te llene, visitar un museo, charlar con una amiga, tocarte las narices... lo quieras, es TU TIEMPO.

Si el plan no funciona, cambia el plan, no la meta

Haz una lista de esas cosas que te suben el ánimo o te sientan muy bien y comprométete a hacer alguna/s TODOS LOS DÍAS

MIS PLACERES COTIDIANOS

-
-
-
-
-
-
-
-
-
-
-
-
-
-

Rodéate de gente positiva

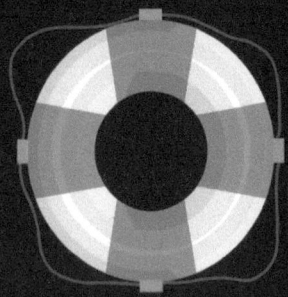

APUNTA EL NOMBRE DE TU
PERSONA SALVAVIDAS

Busca contagiarte de otras personas activas, enérgicas y felices que te llenen de esa vibración.

Las constantes quejas y lamentos de otros, te pondrán de mal humor y triste y será un peligroso circulo vicioso.

No quiero decir que no estés para tus amigos cuando tengan problemas, si no que huyas como de la peste, por ejemplo, de esas otras mamás que están todo el día quejándose de lo cansadas que están y de lo difícil que es todo ¡Eso ya lo sabes tú!

Mucho mejor **gente que sepa relativizar los problemas, reírse de casi todo y si es posible, no hablar sólo de maternidad**.

Hay personas que son como un chute de vitalidad, como un buen zumo de naranja lleno de vitamina C.
Si tienes la suerte de tener gente así en tu vida, no dejes de reservar tiempo para disfrutar con ellos.
Pueden cambiarte un día... y la vida entera.

Suelta carrete con tus hijos

¡¡SOLTANDO AMARRAS!!
(AUNQUE A ALGUNOS LES PESE)

De acuerdo con las edades que tengan tus hijos, es factible **ir dejándoles asumir ciertas responsabilidades**.

Que ordenen sus cuartos, que el mayor aliñe la ensalada o cocine cosas sencillas, que hagan sus camas, que recojan sus platos al terminar de comer, que bajen a por algún recado, que vayan solos al baño, que se busquen un poco la vida, vamos, y **que no dependan de ti para todo**.

Reconozcámoslo, es muy cómodo que alguien lo haga todo por uno y a veces algunos listillos se hacen los torpes e indefensos cuando en realidad lo que quieren es tener a alguien a su servicio. Y eso no es bueno ni para ti ¡ni para ellos!

A ti te viene muy bien porque cada pequeño paso que den sin tu ayuda será importante para no sobrecargarte de trabajo.

Y a tus hijos, les enseñas a ser más independientes y responsables y después de todo, de eso trata la educación ¿no?

Acude a terapia

SUELTA POR ESA
BOQUITA

Si te notas durante demasiado tiempo so-brepasada, cansada y tristona, a veces el mejor movimiento puede ser pedir ayuda profesional.

Afortunadamente, ya está totalmente nor-malizado hablar de terapeutas, y de la misma manera que cuando nos duele el es-tómago acudimos al médico, **cuando nos duele la vida entera, vamos a psicólogo**.

Interminables tareas sin cumplir y sin nadie que te eche un cable, la sensación de que te has perdido como mujer quedando reducida sólo al papel de madre, podría llevarte a tener una conducta depresiva y convertirte en una persona triste y estresada.

Acudir a un profesional es de gran ayuda **para aprender** a no preocuparte tanto por todo, delegar labores en el hogar, buscar maneras de gestionar el estrés, aprender a relativizar y en definitiva, a darte un respiro de vez en cuando.

Si tu economía te lo permite, levanta el telé-fono y pide ayuda.

Busca tu momento zen

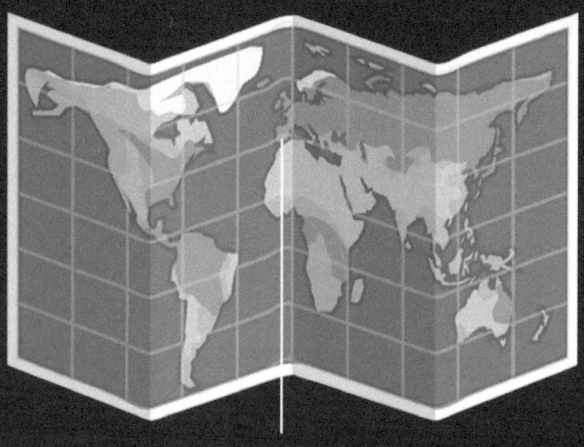

USTED ESTÁ AQUÍ.
(Y AHORA)

Vive el aquí y ahora, y hazlo con conciencia. Aplícalo a cualquier actividad diaria, hasta la más cotidiana, como cepillarte los dientes. En vez de hacerlo de forma mecánica, con la cabeza saltando de un pensamiento a otro, prueba a concentrarte en cada movimiento, sintiendo el roce del cepillo, el sabor del dentífrico... De este modo, contribuyes a parar el flujo incesante de ideas y, con ello, mejorar el espíritu y disfrutar más de cada instante, como lo que es, un tesoro que no vuelve.

Respira hondo. Entre nuestras emociones y la respiración existe un vínculo íntimo. Dedicar tan sólo unos minutos diarios a respirar profundamente puede **reestablecer la armonía interna y aliviar el estrés** de manera notable.

No puede ser más sencillo ni más barato: basta con tomarte una pausa y concentrarte en la respiración, inspirando profundamente por la nariz. Poner la mano sobre el vientre ayuda a sentir cómo el aire llega hasta el estómago, notando cómo se hincha.

Estás aquí, ahora. Y todo está bien.

Esto también pasará

EL TIEMPO
VUELAAAAAAAA

La etapa de bebé hasta los dos años más o menos (depende mucho de cada niño) es dura para los padres/madres, pero todo pasa.

Cuando estás inmersa en ella, se puede hacer lenta, porque estás agotada, pero cuando termina, te da bastante pena, cierta nostalgia. Cuando la dejas atrás incluso parece que ha pasado demasiado rápido.

La frase: esto tambíen pasará es la FRASE. Cuando no puedas más, recuerda: tu hijo no va a estar eternamente con los cólicos o con los dientes o con la etapa del por qué. **Todo pasa**.

Y tristemente, así es, y **en un abrir y cerrar de ojos dejan de ser bebés**, incluso niños y se te plantan con la novia en casa y eso también da mucha pena.

En resumen: **disfruta de todo porque la vida es un suspiro** y aunque no lo creas, hasta la casa llena de gritos y caos la vas a recordar dentro de no tanto, con una sonrisa y una lagrimita de nostalgia.

Has llegado al final.

¿Cómo te sientes? ¿Crees que hay muchos hábitos que no forman parte de tu día a día? ¿Algunos sí pero no los desarrollas con la frecuencia con la que crees que deberías?

Todos son bastante factibles de integrar en tu vida pero si no te ves capaz de asumirlos todos, haz una lista de los que crees que puedes y necesitas llevar a cabo y **empieza HOY MISMO** con ellos, no los postergues, porque si no, nos conocemos, al final todo sigue igual ¡y queremos que seas una mamá feliz!

Escribe tu lista de hábitos irrenunciables y durante **21 días** (el tiempo en que se tarda en adquirir un hábito) ve poniendo un *check* a los que hayas integrado ese día.

Nada de culpabilizarse, ¡que si no va a ser peor el remedio que la enfermedad! pero si te comprometes, pronto verás los resultados y te sentirás cada vez durante más tiempo, una mamá feliz :)

MIS NUEVOS HÁBITOS FELICES

	L	M	X	J	V	S	D
●							
●							
●							
●							
●							
●							
●							
●							
●							
●							
●							
●							
●							

Eres una madre increíble

MIS NUEVOS HÁBITOS FELICES

	L	M	X	J	V	S	D
●							
●							
●							
●							
●							
●							
●							
●							
●							
●